AF610701

CHAMBRE DE COMMERCE DE ROANNE

HISTORIQUE DE LA GRÈVE DE 1894-95

DANS

L'INDUSTRIE DU TISSAGE MÉCANIQUE

DES COTONNADES DE ROANNE

ROANNE
IMPRIMERIE M. SOUCHIER, RUE DE SULLY
(ANCIENNE IMPRIMERIE CHORGNON)

1896

CHAMBRE DE COMMERCE DE ROANNE

HISTORIQUE DE LA GRÈVE DE 1894-95

DANS

L'INDUSTRIE DU TISSAGE MÉCANIQUE

DES COTONNADES DE ROANNE

L'industrie du tissage mécanique des cotonnades comptait à Roanne, à la fin de l'année 1894, 21 établissements avec 7185 métiers mécaniques, et dans la région 2792 métiers mécaniques, répartis dans 12 tissages ayant leur siège social et leur maison de vente à Roanne, soit en tout environ 10.000 métiers mécaniques dans 33 établissements.

Le nombre des ouvriers occupés au tissage et au dévidage dans les 21 établissements de Roanne était à cette époque de 6865.

ORIGINE ET CAUSE DE LA GRÈVE

A la suite de la grève de 1882, les ouvriers avaient obtenu l'adoption d'un tarif uniforme. Ce tarif avait subi peu à peu de nombreuses modifications par suite du nombre considérable des articles spéciaux innovés par les fabricants.

Une première tentative de remaniement des tarifs eut lieu en 1889, sans avoir un effet durable. Le 23 novembre 1893, une grève partielle éclata à l'usine Bréchard parmi les tisseurs occupés aux métiers Jacquard, sous prétexte que dans les autres ateliers les salaires étaient plus élevés que les leurs. Leur patron, prétendaient-ils, avait violé le tarif de 1889. Ils réclamaient une augmentation de 2 centimes par mètre.

Cette augmentation leur fut accordée après quelques jours de chômage, à la suite de l'intervention de MM. Henry Déchelette et Destre, et la grève prit fin.

Des divergences notables existaient dans les prix.

Vers cette époque, l'idée d'établir un tarif général fut habilement répandue parmi les ouvriers par le sieur Mayeux, secrétaire général de la Bourse du travail, et le sieur Rochet, ex-candidat socialiste aux élections législatives du 20 août 1893, et il est fort probable que si M. Bréchard n'avait promptement donné satisfaction à ses ouvriers une grève générale eût éclaté.

L'idée du tarif général n'en restait pas moins dans l'air soigneusement entretenue par le sieur Mayeux, pour qui la question d'unification des tarifs n'était qu'un prétexte pouvant amener une grève qui lui permettrait de restaurer l'action syndicale, de réorganiser le parti socialiste et de se faire une clientèle dans le débit qu'il venait de louer près de la Bourse du travail.

A cette époque, en effet, le Syndicat des tisseurs était à peu près désagrégé et ne comptait pas 200 membres, la municipalité actuelle qui venait de remplacer la municipalité socialiste avait supprimé toute subvention à la Bourse du travail. Le parti socialiste était découragé, sans action, sans chef, sans argent.

Le sieur Mayeux croyant donc avoir trouvé dans cette

question d'unification des tarifs le moyen d'asseoir son autorité et son influence, il ne cessa d'en poursuivre la réalisation.

De concert avec certains membres remuants du Syndicat des tisseurs, il commença à dresser un projet de tarif en prenant pour base les prix les plus élevés payés dans chaque usine.

Le 21 novembre 1894, à 2 heures après midi, une grève éclata à l'usine Grosse ; c'était le prélude de la grève générale. Le Syndicat la considéra comme un premier pas vers la solution désirée et déclara que le seul moyen de prévenir des conflits entre patrons et ouvriers consistait à établir un tarif général.

Les patrons ne se montrèrent pas réfractaires à cette idée, ils firent cause commune avec leur collègue et l'engagèrent à ne pas modifier le tarif de son usine ; ils prirent en même temps l'engagement de fournir un projet de tarif général dans un délai de 15 jours. Sur cette promesse les ouvriers de l'usine Grosse reprirent leur travail.

De son côté, le Syndicat des tisseurs n'était pas resté inactif, et, le délai expiré, les fabricants se trouvèrent immédiatement en présence du tarif général dressé par le sieur Mayeux et les membres du Syndicat.

Les projets préparés par les deux parties étant prêts, une première difficulté se présenta, celle de la nomination des délégations patronales et ouvrières chargées de discuter et d'accepter le tarif définitif.

Les ouvriers prirent l'initiative, et dans la réunion du 14 décembre, tenue à la Bourse du travail, à laquelle assistaient de trois à quatre cents personnes, ils nommèrent une commission de 30 membres qui avait pour mission de s'aboucher avec les patrons. Les administrateurs du Syndicat étaient joints à la Commission. Les fabricants décidèrent d'éloigner de la discussion le

Syndicat et de ne traiter qu'avec une délégation munie de pleins pouvoirs. Ils prièrent, en l'absence de M. le Sous-Préfet, M. le Procureur de la République de vouloir bien servir d'intermédiaire pour l'organisation des conférences.

M. le Procureur accepta cette mission et convoqua un ouvrier par usine. Il proposa de procéder par un vote à 2 degrés à la nomination de la Commission appelée à entrer en discussion avec les fabricants. Dans chaque usine, les ouvriers devaient désigner trois ou quatre délégués qui nommeraient ensuite la délégation définitive qui représenterait la majorité des ouvriers et non la seule fraction des syndiqués. Cette combinaison, combattue par Mayeux, ne fut pas acceptée. Ce dernier organisa une deuxième réunion qui eut lieu à la salle de Venise le 15 décembre dans l'après-midi. Environ 2500 personnes y assistaient; les pouvoirs donnés à la commission nommée la veille furent confirmés; Mayeux donna lecture du tarif général élaboré par le Syndicat. Il donna également communication d'une lettre de M. Henry Déchelette, président de l'Union de l'Industrie cotonnière et délégué des patrons, dans laquelle celui-ci déclarait que le Syndicat des tisseurs, ne représentant qu'une faible minorité des ouvriers de cette profession, n'avait pas les pouvoirs nécessaires pour traiter utilement avec les patrons. L'orateur engagea vivement la classe ouvrière à se syndiquer en masse afin que les patrons ne puissent plus désormais invoquer cette raison là pour refuser d'entrer en pourparlers avec le Syndicat.

Les patrons persistant dans leur refus de traiter avec la Commission ouvrière telle qu'elle était composée, la grève fut déclarée dans la réunion du 20 décembre, à la salle de Venise, à laquelle assistaient 2500 ouvriers environ. 1505 votèrent pour la grève, 332 contre. La suspension du travail fut décidée pour le lendemain vendredi à deux heures, afin de pouvoir prévenir les ouvriers qui n'assistaient pas à la réunion.

Dès neuf heures du matin, le 21, les ouvriers de l'usine Grosse avaient quitté le travail à propos du renvoi d'un ouvrier, le sieur Dépalle, un des orateurs de la veille.

A la rentrée de deux heures, la grève fut générale ; on peut en juger par les chiffres suivants :

	Nombre d'ouvriers.	Grévistes.
Usine Aubert, Paire et Guyonnet......	170	170
— Barriquand	170	80
— Beluze et Cie....................	369	201
— Bréchard	600	510
— Delharpe et Bertaud............	244	207
— Déchelette-Dépierre et Chamussy.	208	120
— Déchelette Rémi et fils..........	208	120
— Destre-Cherpin	506	260
— Faisant........................	362	338
— Forest et Deschamps...........	315	265
— Fourt	190	190
— Giraud	180	180
— Grenot, Buchet et Cie..........	275	275
— Grosse	208	197
— Guerry-Dupéray...............	305	285
— Guilloud père et fils.............	280	211
— Michalon et Boutry.............	230	230
— Raffin et Dumarest.............	309	150
— Sérol, Guitton et Badolle........	250	47
— Vindrier frères..................	420	122

— Andrieu, Monteret et Goujon, complet jusqu'à trois heures et demie, et la moitié en grève à trois heures et demie.

Le vendredi soir, à huit heures, dans une réunion à

Venise, Mayeux fait confirmer une seconde fois par 3000 ouvriers les pouvoirs de la délégation ; il les engage à se syndiquer et annonce l'arrivée pour le lendemain des députés Guesde et Chauvin, et il les avise en même temps que la Commission du tarif venait d'envoyer une délégation de cinq membres à la Sous-préfecture pour y porter la déclaration officielle de la grève.

M. le Sous-préfet essaye de renouer les négociations en tâchant d'obtenir des concessions réciproques. Les ouvriers consentent, conformément au désir des patrons, à nommer une commission composée de trois délégués par usine appartenant ou non au Syndicat. Cette Commission, munie de pleins pouvoirs pour discuter et élaborer le tarif, devait être assistée d'une sous-commission choisie dans son sein et appelée à entrer directement en pourparlers avec les patrons. Les grévistes exigèrent toutefois que le tarif une fois élaboré fut signé à la fois par les patrons, les délégués ouvriers et les membres du Bureau du Syndicat. Cette dernière condition, dans l'esprit des ouvriers, devait leur permettre de poursuivre judiciairement les fabricants qui violeraient ultérieurement le tarif adopté. Les fabricants refusèrent d'accepter les deux dernières clauses, ne voulant pas engager leurs signatures et surtout ne reconnaissant aucun droit d'intervention au Syndicat. Cette situation d'expectative dura jusqu'au lundi 24 décembre.

A la date de ce jour, sur 6865 ouvriers employés dans les usines, 5928 étaient en grève.

Le même jour, M. le Préfet arrive à Roanne. Il a plusieurs entrevues successives avec les délégués des ouvriers et des fabricants. Il obtient de ceux-ci d'entrer en pourparlers avec les délégués de la Commission élue à Venise le 20 décembre. Les délégués des fabricants persistent à refuser toute ingérence du Syndicat dans la discussion du tarif. Les pourparlers sont rompus.

Le 27 décembre, conformément à la loi sur l'arbitrage, M. le Juge de paix invite patrons et ouvriers à lui faire connaître la cause du conflit. Les ouvriers déclarent que le refus par les fabricants de traiter avec le Syndicat des tisseurs est le seul motif de la grève.

La tentative de conciliation faite par M. le Juge de paix échoue.

Sur ces entrefaites étaient arrivés successivement à Roanne les députés Chauvin, Guesde, Duc-Quercy, Coutant et le sieur Bourson dit Zévaës, étudiant en droit, membre du Comité national du parti ouvrier et rédacteur au *Peuple* (journal socialiste de Lyon), qui a joué un rôle des plus actifs pendant la grève.

Tous engagent les grévistes à persister dans leurs revendications, et leur promettent la victoire s'ils restent unis. Dans un langage des plus violents ils insinuent à leurs auditeurs la haine des patrons et du capital en mêlant toujours la question politique à leurs diatribes.

Le 31 décembre, la commission ouvrière, essayant de renouer les pourparlers, déclare à M. le Sous-Préfet qu'elle renoncerait à toute intervention du Syndicat dans la discussion du tarif.

Les fabricants consultés immédiatement déclarèrent que le comité provisoire qu'ils avaient constitué au début de la grève était dissous, qu'ils avaient établi leur tarif général et qu'ils ne discuteraient qu'avec leurs ouvriers respectifs dans leurs usines.

En vain M. le Maire réunit-il les fabricants et tente-t-il d'obtenir la reprise des négociations. Ils persistent à déclarer qu'ils avaient fait toutes les concessions possibles, que de nouvelles discussions n'aboutiraient à aucun résultat et qu'ils s'en tenaient purement et simplement au tarif élaboré à la date du 26 décembre 1894 et affiché dans leurs usines. Le 6 janvier, M. le Juge de paix essaie une nouvelle tentative de conciliation. Les patrons répondent qu'ils ne veulent traiter qu'avec les délégués de leurs usines respectives.

Les grévistes constituent un Comité dit de la grève, chargé de répartir les ressources et d'organiser la surveillance aux abords des usines.

Jusqu'à ce jour les fonds de secours aux grévistes sont peu importants. A Roubaix, le député J. Guesde ramasse la somme de 87 francs. Des quêtes à la suite de conférences organisées à Amplepuis, à Charlieu, à Thizy, par les orateurs socialistes, sont peu fructueuses. Le Syndicat des tisseurs de Thizy vote une somme de 1.000 francs. Le conseil municipal de Paris vote 10.000 francs en faveur des grévistes, mais ces fonds ne sont pas mis à leur disposition. Une quête à Roanne parmi le petit commerce produit environ 1.500 francs.

Le 2 janvier, un certain nombre de grévistes étaient cependant rentrés dans les usines; au lieu de 1.400 travailleurs que réunissaient les douze tissages en activité la semaine d'avant, dix-huit usines travaillent au début de la nouvelle année avec 2.065 ouvriers.

Il reste environ 4.650 grévistes.

Les rentrées s'opèrent sans incident et sans que les gendarmes et les sergents de ville placés à la porte des usines aient à intervenir.

Trois usines sont fermées : ce sont celles de MM. Aubert, Paire et Guyonnet; Fourt, et Giraud.

Les députés se succèdent à Roanne : Prudent-Dervilliers, Jourde, Goussot, Vaillant, prennent successivement la parole dans les réunions qui ont lieu quotidiennement à la salle de Venise dans l'après-midi. Zévaës réédite, chaque jour plus amer, ses théories sur le patronat.

Les sieurs Dumas et Mayeux anathématisent le Maire et le Conseil municipal qui ont refusé de distribuer des secours aux grévistes nécessiteux. Une Commission municipale s'étant réunie à l'Hôtel de ville pour examiner la demande des délégués de la grève à ce sujet, avait en effet décidé qu'on distribuerait des secours aux familles nombreuses et dignes d'intérêt, mais à la condition qu'on la laissât juge de cet intérêt. Cette décision souleva la colère des meneurs de la grève et le sieur Mayeux fit voter un ordre du jour flétrissant les bourgeois affameurs du Conseil municipal, que les ouvriers grévistes s'engageaient à balayer aux prochaines élections municipales. Le député Sembat, après avoir, comme tous ses prédécesseurs, excité les ouvriers à la continuation de la grève, avec le Syndicat comme principal outil de défense, leur conseille de tenter une démarche auprès du Président du Conseil, Ministre de l'intérieur, M. Dupuy, et d'envoyer une délégation à Paris pour exposer leurs revendications.

On fait courir le bruit que les pareurs et les gareurs vont se mettre en grève, mais il n'en est rien. Seuls les pareurs et gareurs non occupés à la suite de leur dernière grève se réunissent à la Bourse du travail et décident qu'ils ne travailleront pas sur les métiers, comme plusieurs patrons le leur ont proposé. Pendant toute la durée de la grève, du reste, les bruits les plus absurdes ont circulé, soigneusement colportés par les meneurs intéressés.

A partir du 10 janvier, la grève paraît entrer dans la phase de violence. Les grévistes se portent en masse devant les usines à l'heure de la rentrée des ouvriers, qu'ils essayent d'intimider par leurs insultes grossières en les traitant de renégats.

Le jeudi 10, à une heure et demie, devant l'usine Beluze, M. le Capitaine de gendarmerie fait arrêter un gréviste particulièrement violent et le fait conduire à la gendarmerie, d'où on le relâcha bientôt, après lui avoir dressé procès-verbal.

On commence à rencontrer dans les rues des bandes de tisseuses, le verbe haut ou chantant.

Un certain nombre de travailleurs hésitent à rentrer devant l'attitude agressive des grévistes; l'usine Vindrier est même obligée de cesser le travail pour ce motif.

Les mêmes scènes vont se répétant de plus en plus; l'Administration se décide à renforcer par des détachements de gendarmerie venus de divers points du département la brigade de Roanne, insuffisante pour maintenir l'ordre.

Les orateurs de Venise deviennent de plus en plus violents et la séance est toujours levée aux cris de « Vive la grève! Vive la révolution sociale! »

Le samedi 12, le député Chassaing prononce à Venise un discours où il conseille la rentrée aux usines. Une délégation de 3 membres est nommée sur sa demande pour se rendre avec lui chez M. Henry Déchelette.

Un vent de paix paraît souffler et fait espérer la fin de ce regrettable conflit, mais le lendemain le député Carnaud arrive, et la continuation de la grève est votée à l'unanimité.

Le lundi 14, ce député révolutionnaire prend, à la Bourse du travail, la tête d'une manifestation de 500 grévistes et se dirige vers l'usine Déchelette Rémi pour empêcher la rentrée des ouvriers. A l'entrée de la rue du Phénix, le député, ceint de son écharpe, rencontre M. le Sous-Préfet et M. le Procureur de la république, escortés de gendarmes et qui lui intiment l'ordre de circuler et de faire rompre le cortège qui le suivait.

La manifestation passe par la rue Gambetta et cherche à gagner la rue du Phénix par la rue d'Albon, mais elle est refoulée par les gendarmes et redescend par la rue Gambetta, plus ou moins dispersée, jusqu'à Venise où une réunion orageuse a lieu.

Le lendemain les manifestants avaient jeté leur dévolu sur l'usine Bréchard ; mais toutes les dispositions avaient été prises, à l'entrée de la rue Fontalon, pour empêcher la manifestation de se porter devant l'usine. Ils essayèrent de faire le tour par la rue Coutaret, mais leur mouvement avait été éventé par M. le Sous-Préfet qui, en uniforme et accompagné d'un tambour du 98e, adressa aux manifestants une première sommation d'avoir à se retirer. Les grévistes, le député Carnaud à leur tête, ne tinrent aucun compte de cette invitation et continuèrent leurs huées et leurs menaces.

M. le Sous-Préfet fit deux nouvelles sommations sans résultat. Ordre fut alors donné aux gendarmes de déblayer le terrain et d'arrêter le député manifestant. Des pierres sont lancées sur les gendarmes, mais le député Carnaud est emmené par M. le Sous-Préfet, accompagné de gendarmes. Sur tout le parcours, jusqu'au tribunal, un grand nombre de personnes applaudissent à cette arrestation.

Arrêté à deux heures, le député socialiste était jugé à trois. L'accusé, après un court interrogatoire, ayant demandé le renvoi du jugement pour lui permettre d'établir sa défense et de choisir son avocat, le délai légal de trois jours lui fut accordé.

Pendant ce temps, à Venise, séance des plus orageuses ; une délégation de dix membres se rend au Parquet pour demander la mise en liberté immédiate du député. Elle éprouve un refus formel. La séance finit sur le vote d'un ordre du jour furibond, et la séance est levée aux cris de : « Vive la commune ! Vive la révolution ! Vive la grève ! » Après la séance, les grévistes se rendent en masse à la Bourse du travail, et manifestent sur la place St-Etienne contre l'incarcération de Carnaud. Les gendarmes opèrent plusieurs arrestations.

Le jeudi 17, le député Chauvin, revenu à Roanne, prend la parole à Venise; une manifestation a lieu aux

Promenades; un grand nombre de curieux sont mêlés aux grévistes, qui sont beaucoup plus calmes que la veille.

Toutes les mesures d'ordre les plus complètes et les plus énergiques sont prises; de nouveaux gendarmes à cheval sont arrivés la veille. Il y a 120 gendarmes à cheval, et un escadron de chasseurs est arrivé le même jour de Moulins.

M. le Préfet prend lui-même la direction du service d'ordre. Le Maire fait afficher une proclamation aux tisseurs roannais où il invite les ouvriers au calme et les informe que, quoi qu'il arrive, la liberté du travail sera énergiquement protégée.

Il adresse également aux administrateurs de la Bourse du travail une lettre pour leur rappeler que cet établissement est mis exclusivement à la disposition des Syndicats professionnels régulièrement constitués, et qu'il est absolument interdit d'y admettre des personnes étrangères à ces associations. Il constate que le règlement a été enfreint plusieurs fois sur ce point. En outre, les manifestations qui viennent de se produire ont eu leur centre d'organisation et leur point de départ à la Bourse du travail. Il les prévient que si ces faits se renouvellent, il fera fermer immédiatement cet établissement. Sur ces entrefaites, la démission du président de la République, M. Casimir-Perier, rappelle tous les députés à Paris, et Carnaud est mis en liberté provisoire pour qu'il puisse assister au Congrès. L'amnistie survenue à la suite de l'élection du nouveau Président empêcha de le juger.

Pendant l'absence des députés à Roanne, un calme relatif était revenu parmi les grévistes; ils décident de tenter un dernier effort auprès des patrons par l'intermédiaire du Juge de paix. Celui-ci fait donc, sur leur demande, une nouvelle démarche auprès de M. Henry Déchelette, qui répond simplement qu'il était prêt, comme tous ses collègues, à discuter avec ses propres ouvriers, mais qu'il ne voulait rien avoir à faire avec le Comité de la grève. M. Audiffred, mis, par le Comité de la grève, en demeure de venir se mettre à la disposition des ouvriers, répond en se démettant de son mandat de sénateur qui venait de lui être confié et reprend son mandat de député pour éviter qu'une agitation électorale pût servir d'aliment à la grève.

Dans la séance du lundi 21 janvier, à laquelle assistait le député Chauvière, les grévistes votent l'envoi d'une délégation de trois ouvriers à Paris, auprès du Ministre de l'intérieur. Peu à peu, un certain nombre de rentrées s'effectuent chaque jour dans les usines, et les ouvriers qui travaillent sont déjà plus de 3000. Un grand nombre seraient déjà rentrés s'ils osaient le faire; ils hésitent à cause des menaces et des insultes de leurs voisins.

Les intimidations recommencent en effet à la porte des usines, surtout le soir où les grévistes attendent les ouvriers à leur sortie de l'usine; aussi prend-on la précaution de les faire sortir avant la nuit et rentrer le matin au jour.

Les manifestants arrêtés et condamnés pour refus de circulation sur la voie publique, insultes ou menaces envers la force armée, ayant jusqu'ici bénéficié de la loi Béranger, le tribunal correctionnel prend la détermination de ne plus appliquer cette loi. Le dimanche 27, le député Jaurès arrive à Roanne, et le soir, à 8 heures et demie, il prend la parole à la réunion de Venise et encourage les grévistes à la résistance en tapant vigoureusement sur les patrons.

Le lundi, il assiste à la conférence de l'après-midi et déclare que la délégation de grévistes qui va se rendre à Paris ne peut avoir que de bons résultats. Le soir, à 7 heures, dans une réunion publique où l'entrée est de 0 fr. 50, il fait, devant une assemblée d'environ

1500 personnes, l'apologie du socialisme. Les utopies courantes présentées avec le talent de parole de l'orateur lui attirent les applaudissements d'une partie du public.

Le 31, les trois délégués du Comité partent à Paris pour solliciter l'intervention du Ministre de l'intérieur en faveur d'une reprise des pourparlers avec les fabricants. Les 1er et 2 février, Carnaud, revenu à Roanne, se livre à de nouvelles provocations contre les fabricants et à de grossières invectives contre les représentants de l'autorité. Les grévistes, surexcités, parcourent la ville en groupes nombreux composés surtout de femmes et chantent la *Carmagnole*. Des patrouilles nombreuses sillonnent les rues.

Carnaud assiste à des repas populaires dans les faubourgs et finit par quitter la ville après plusieurs altercations avec divers habitants exaspérés par ses agissements.

Malgré la surveillance de la police et de la gendarmerie, des tisseurs allant à leur travail sont attaqués par des bandes de grévistes armés de bâtons, et roués de coups; plusieurs arrestations ont lieu; la gêne augmente; les ressources sont à sec dans beaucoup de ménages, l'exaspération s'empare de plus en plus de ces malheureux; les femmes surtout témoignent d'une véritable fureur attisée sans cesse par les orateurs de Venise, de la Bourse du travail ou des réunions partielles qui se tiennent dans les faubourgs.

Les usines n'ouvrent qu'au jour et ferment avant la nuit pour assurer la sécurité des travailleurs, qui sont au nombre de 3.800 environ.

Les délégués, de retour de Paris, rendent compte de leur entrevue avec le Ministre de l'intérieur, à qui ils ont été présentés par les députés Jaurès, Sembat, Vaillant et Chauvin. M. Jaurès a pris la parole en leur nom. Le Ministre a répondu qu'il ferait connaître sa réponse dans quelques jours par l'intermédiaire du Sous-Préfet de Roanne.

Les députés Baudin et Thivrier remplacent à Roanne le député Carnaud, dont la conduite fut particulièrement scandaleuse pendant son second séjour dans notre ville.

Le 8, M. le Préfet, conformément aux instructions de M. le Ministre, convoque à la Sous-Préfecture les trois délégués envoyés à Paris avec trois délégués fabricants, MM. Henry Déchelette, Faisant et Dumarest.

M. Déchelette s'efforce de faire comprendre, chiffres en mains, aux délégués, que le nouveau tarif adopté par les 17 usines faisant partie de l'Union des fabricants constitue une augmentation, au profit des ouvriers, de 9 à 10.000 francs environ par usine et par an.

Ces 17 fabricants possèdent, en effet, 6.200 métiers sur lesquels 5.008 restent, comme tarif, aux prix anciens d'avant la grève ; 1121 métiers sont augmentés d'un centime par mètre et 71 seulement sont diminués d'un centime. Quant aux dévideuses elles sont augmentées partout de 5 à 10 o/o par le nouveau tarif.

Les délégués ouvriers répondent qu'ils en référeront à leurs mandants et que la question sera soumise à l'assemblée de Venise.

Les députés Baudin et Thivrier, en exhortant les grévistes au calme, s'imaginent à tort qu'une question de forme paraît surtout en jeu ; ils expriment l'avis que si les ouvriers recevaient satisfaction à ce sujet, le conflit pourrait cesser. L'avis du Ministre de l'intérieur paraît aussi se méprendre sur ce point. En voici la teneur :

« Intérieur-sûreté à Préfet Loire, Roanne.

« Ce qu'il importait avant tout d'obtenir à Roanne,
« c'était la reprise des négociations. Il m'a paru, en

« effet, qu'à l'heure présente le différend portait surtout « sur une question de forme. Les pourparlers étant « repris, l'accord devrait être facile.

« L'opinion publique ne comprendrait pas qu'une « simple difficulté de procédure pût perpétuer un malen- « tendu dont tout le monde souffre.

« Le devoir du gouvernement est de le faire com- « prendre à tous.

« Je vous prie, en vous conformant à mes instruc- « tions antérieures, d'insister vivement en vue d'une « entente définitive.

« Je compte sur l'esprit de conciliation des intéressés « pour que ce résultat soit atteint. Je vous prie de faire « part aux deux parties des instructions qui font l'objet « du présent télégramme.

« Signé : LEYGUES. »

Cette dépêche, communiquée aux grévistes le 13 février, produit parmi eux une cruelle déception. C'était donc là le résultat tant attendu du voyage des trois délégués à Paris !

Pendant la reprise des pourparlers, une certaine détente avait commencé à se produire. Les rentrées s'effectuent chaque jour plus nombreuses, malgré les bruits les plus absurdes que l'on fait courir sur les intentions du Ministre et sur la capitulation des patrons. Les délégués ouvriers consentent à ne plus discuter le tarif patronal, mais sollicitent seulement la suppression de la tarification des fils en chaîne. Après examen approfondi de la question, les fabricants repoussent cette réclamation en déclarant que ceux d'entre eux qui se livrent à l'exportation ne peuvent accepter cette proposition. Le mercredi 13 ils font du reste connaître irrévocablement leur avis par une déclaration transmise à M. le Préfet et communiquée aux journaux.

Ils déclarent qu'il leur est impossible de faire d'autres concessions que celles qui figurent dans leur nouveau tarif du 26 décembre 1894.

Ils déclinent toutes nouvelles entrevues.

Le samedi 16 février, MM. Baudin et Thivrier ont une nouvelle entrevue avec M. le Ministre de l'intérieur et le prient encore d'intervenir.

De nouvelles manifestations, dispersées par la gendarmerie et les chasseurs, ont lieu aux portes des usines, donnant motif à quelques arrestations. Les ouvriers qui travaillent sont, le soir, dans le faubourg Clermont surtout, l'objet d'agressions. Les gendarmes chargés du service des patrouilles reçoivent des pierres et sont insultés.

Malgré tout, les subsides faisant défaut et le Comité de la grève ne pouvant plus faire face aux demandes de secours qui lui sont adressées, la discorde finit par se mettre dans les rangs des grévistes.

Mayeux et les principaux meneurs sont pris à partie à la Bourse du travail. Du 16 au 22 février, 1958 ouvriers ont repris le travail ; le samedi 23, les grévistes ne sont plus que 809; le 25, toutes les usines ont leur personnel au complet et la grève est définitivement close.

CONSÉQUENCES ET CONCLUSIONS

La grève dont on vient de faire l'historique aura eu pour conséquences, pendant ce long chômage de 65 jours, dont 55 ouvrables, la perte de 202.464 journées de salaires.

En tenant compte des chômages qui en sont résultés pour toutes les industries qui se rattachent au tissage, c'est une perte de plus d'un million de salaire pour la classe ouvrière.

Les pertes des fabricants ont été également considérables à cause des conditions absolument anormales dans lesquelles ils ont travaillé pendant ces deux mois, soit par suite d'effectifs insuffisants, soit par la réduction des heures de travail.

Le petit commerce aussi a beaucoup souffert de cette crise.

Les ouvriers sont rentrés en acceptant le tarif offert par les fabricants le 26 décembre 1894, c'est-à-dire avant la cessation du travail ; on peut donc dire que le résultat de la grève a été absolument nul pour l'augmentation des salaires.

Le Syndicat des tisseurs a été tenu en échec et les meneurs sortent affaiblis de la lutte.

Dans cette occasion, il n'est pas inutile de faire ressortir d'une façon bien nette le rôle des Syndicats professionnels.

Cette grève a montré une fois de plus que les Syndicats ouvriers fonctionnent plutôt comme une arme de guerre dans un but politique que pour l'amélioration matérielle et morale de la classe ouvrière, comme l'espéraient les auteurs de la loi. C'est un instrument de combat mis au service du parti socialiste et dont profitent quelques ambitieux aux dépens des trop crédules travailleurs.

Et cependant les Syndicats sont loin de comprendre la totalité des ouvriers, c'est donc la minorité qui impose sa loi à la majorité.

Les 2.178 Syndicats ouvriers qui existaient en France au commencement de 1895 ne comptaient que 408.000 membres.

A Roanne, sur une population de près de 8.000 ouvriers occupés au tissage, 300 à peine étaient syndiqués avant la grève.

On a tenté de modifier la loi de 1884, non pour

l'améliorer, malheureusement, et l'amendement Bovier-Lapierre, deux fois rejeté par le Sénat, créerait, s'il était voté, un tel danger pour l'industrie, que l'on ne saurait saisir avec trop d'empressement toutes les occasions de protester contre lui.

Pour remédier autant que possible à un tel état de choses, à notre, avis il est d'abord désirable que la loi sur les Syndicats professionnels soit observée aussi strictement que possible, mieux qu'elle ne l'a été jusqu'alors, car elle a toujours été nulle et faussée dans toutes ses applications.

Les Bourses du travail en fournissent des exemples flagrants et nous en avons eu la preuve à Roanne.

Il est nécessaire que la loi ne protège que les Syndicats vraiment professionnels.

La loi devrait être assez forte pour permettre de soustraire les ouvriers à l'influence des tiers qui n'ont point d'intérêt professionnel et qui, sous prétexte de chercher une augmentation de salaire par les grèves, poursuivent un tout autre but, avec d'autant plus d'acharnement qu'ils n'ont aucun risque à courir.

L'intervention des nombreux députés socialistes qui se sont succédés à Roanne pendant la grève montre bien les visées du parti qu'ils représentent.

Sans eux, les différends qui pouvaient s'élever entre ouvriers et patrons se seraient certainement réglés pacifiquement et très rapidement dès le début de la grève. Leur présence en cette occasion peut être considérée comme une véritable calamité publique.

Enfin, dans l'application de la loi de 1884, il y a lieu de respecter les principes de liberté sans lesquels le fonctionnement de l'industrie devient impossible.

Dans une récente allocution à ce sujet, M. le sénateur Waldeck-Rousseau, qui est l'un des auteurs de la loi des Syndicats et dont l'avis vaut la peine d'être retenu, s'exprimait en ces termes : « Pour me faire mieux comprendre au sujet de la liberté qu'il convient de laisser aux patrons et ouvriers, j'irai jusqu'au paradoxe. Il me paraît que, de même qu'un ouvrier aurait le droit absolu de ne travailler que dans une usine dont l'architecture lui plairait, de même un patron aurait aussi le droit, s'il jugeait les ouvriers par leur taille, de refuser les hommes grands s'il aime les petits. »

Ce n'est pas, hélas, l'esprit de l'amendement Bovier-Lapierre !

Les tentatives d'arbitrage faites pendant la grève de Roanne montrent clairement combien cette mesure est illusoire et combien son emploi reste irrationnel.

Malgré les nombreux exemples déjà fournis à ce sujet — à Carmaux notamment où l'arbitrage d'un Président du Conseil n'a pas été accueilli plus favorablement par les ouvriers que celui qui vient d'être tenté par un groupe de députés socialistes — on veut rendre cette mesure obligatoire.

Toutes les fois qu'il s'agit d'une question de salaires, il faut, selon nous, laisser aux deux parties la liberté de l'offre et de la demande et se souvenir qu'un Syndicat est impersonnel, qu'il est par conséquent impossible aux patrons de traiter avec lui, représentât-il la majorité des ouvriers.

Quoi qu'on fasse, il n'y aura jamais aucune garantie du côté des ouvriers, et, pour cette raison majeure, l'arbitrage ne peut être obligatoire.

C'est aussi pour cette raison qu'en cas de grève au sujet de questions de salaire, nous avons la conviction que le rôle du Gouvernement doit se borner à assurer d'une façon énergique la liberté du travail plutôt que de chercher à intervenir pour faire aboutir les différends.

En promettant aux ouvriers l'intervention du gouvernement on a prolongé la grève de Roanne de plusieurs semaines, et elle a immédiatement pris fin du jour où ceux-ci ont vu qu'il n'y avait rien à espérer de ce côté.

Pour terminer par un vœu en faveur de notre importante industrie du tissage des cotonnades, il faut espérer que la fermeté et l'esprit d'entente dont les patrons ont fait preuve servira de leçon pour longtemps aux ouvriers.

A Roanne, les ouvriers le savent bien, les salaires sont plus élevés que dans n'importe quelle industrie de tissus similaires en France.

Cette inégalité rendait déjà les affaires difficiles aux fabricants de notre ville, et le nouveau tarif ayant encore majoré les prix de façon, n'est-il pas à craindre que la vente des produits se ralentisse et occasionne des arrêts dans la fabrication, arrêts dont les ouvriers seraient les premiers à supporter les conséquences ? Puisse cette crainte être vaine et puisse la bienveillance des patrons et la sagesse des ouvriers préserver de nouvelles crises l'industrie roannaise.

ROANNE, IMPRIMERIE M. SOUCHIER

81

www.ingramcontent.com/pod-product-compliance
Ingram Content Group UK Ltd.
Pitfield, Milton Keynes, MK11 3LW, UK
UKHW020409250726
13967UKWH00006B/2546

9 782013 045483